갈매빛 내 사랑

갈매빛 내 사랑
시산맥 기획시선 072

───────────────

초판 1쇄 발행 | 2021년 05월 03일

지 은 이 | 홍문식
펴 낸 이 | 문정영
펴 낸 곳 | 시산맥사
편집주간 | 김필영
편집위원 | 오현정 강수 정선
등록번호 | 제300-2013-12호
등록일자 | 2009년 4월 15일
주　　소 | 03131 서울특별시 종로구 율곡로 6길 36,
　　　　　 월드오피스텔 1102호
전　　화 | 02-764-8722, 010-8894-8722
전자우편 | poemmtss@hanmail.net
시산맥카페 | http://cafe.daum.net/poemmtss

ISBN 979-11-6243-187-0 03810

값 10,000원

* 이 책은 전부 또는 일부 내용을 재사용하려면 반드시 저작권자와 시산맥사의 동의를 받아야 합니다.

* 이 책은 교보문고와 연계하여 전자북으로 발간되었습니다.

* 본문 페이지에서 한 연이 첫 번째 행에서 시작될 때에는 〈 표기를 합니다.

* 저자의 의도에 따라 작품의 보조 동사와 합성 명사는 띄어쓰기가 달라질 수 있습니다.

갈매빛 내 사랑

홍문식 시집

■ 시인의 말

여기 이 시집을
암과 사투를 벌이고 있는 내 아내에게 바친다

혼자가 되면 자유로울 줄 알았다
아니었다
외롭고 쓸쓸하기만 했다

아무래도 혼자가 되면 안 될 것 같다

아내가 보고 싶다
아내는 지금
요양병원에서 암과 사투를 벌이고 있다

사랑이란 기다림이라는 걸 배운다

아내가 웃으며 돌아오실
기다릴 것이다
내 영혼의 안식처
마농의 샘인 아내에게 내 마음을 바친다

2021년 3월, 홍문식

■ 차 례

1부 아내

애달픈 사랑 _ 019
아내 _ 020
아내의 전생 _ 022
그 남자의 여자 _ 024
아내의 걱정거리 _ 025
아내의 존재 _ 026
내 아내 _ 028
후회 _ 030
그런 날이 왔으면 좋겠다 _ 032
눈물 밥상 _ 034
내 사랑 그 여자 _ 036
비구니가 된 아내 _ 037
자존심 _ 038
혼자라는 게 무서워졌다 _ 040
미련 곰퉁이 같은 그 여자 _ 042
공염불 _ 044
아내의 애가타 _ 045

2부 사랑이란

사랑이란 _ 049
사랑이 뭘까요 _ 050
필연 _ 051
삶의 향기 _ 052
사랑한다는 것은 _ 054
빅딜 Big Deal _ 056
배려 _ 058
꽃샘추위 _ 059
신혼 _ 060
예쁜 사랑 _ 061
여자란 _ 062
당신 _ 063
여인천하 _ 064
후회의 눈물 _ 066
첫사랑의 의미 _ 068
후회하지 않는 삶 _ 069

3부 상열지사

상열지사 _ 073
열대야 _ 074
눈물 비 _ 076
환청 _ 077
홀아비 _ 078
사랑의 징표 _ 080
지금이 중요하다 _ 082
개새끼 _ 083
남도 사랑 _ 084
울산 할매 _ 086
고목에 꽃을 피우는 일 _ 087
유혹 _ 088
바깥세상俗世 _ 090
입증 _ 092
욕정 _ 093
이쁜 꽃들만 시세 난다 _ 094

4부 미워도 내 사랑

갈매빛 내 사랑 _ 099
시한부 삶 _ 100
번 아웃 증후군 _ 102
주여 차라리 저를 벌하소서 _ 104
집안일 _ 106
미워도 내 사랑 _ 108
아내를 보면 눈물이 난다 _ 110
갈등 _ 112
아내는 달랐다 _ 114
빈 둥지 _ 116
못할 짓이었습니다 _ 118
행복이란 _ 120
있는 모습 그대로를 사랑하리라 _ 122
진인사대처명盡人事待妻命 _ 123
당신을 잊을 수 없는 까닭 _ 124
아내의 부재 _ 126
당신을 위해서라면 _ 128

■ 해설 | 김삼환(시인) _ 131

1부

아내

애달픈 사랑

바보 천치 같은 여자
내게 속는다는 걸 뻔히 알면서도
성모님처럼
배신자 유다 같은 내 얼굴을
하염없이 바라보고 있다
난 내 얼굴에 뭐가 묻었는가 싶어
손으로 쓸어 보지만
아무것도 만져지는 게 없다
저 여자 어떤 마음으로 내 얼굴을 빤히 쳐다보고 있는 걸까
갑자기 어색해지고 쑥스러워진다
성격 까칠하고 잘 나지도 못한 얼굴
쳐다본다고 해서
성자처럼 성스러워지기를 하나
패트릭스 웨이지나 알랭 느농처럼 멋있길 아나
얼빠진 저 여자

아내

아내는
나와 몸과 마음이 하나 된 연리목 같은 여인으로
떼어내고 싶어도 떼어낼 수가 없는 나의 여인입니다
나와 한 몸이 되기 위해 친척 친지 친구들이 지켜보는 앞에서
낳아주고 길러준 분들까지 저버리고 내게 온 여인이며
운명의 신이 점지해준 운명의 여인입니다
나만 바라보고 살겠다고 맹세한 해바라기 꽃 같은 여인이며
자기 자신보다 더 나를 사랑하겠다고 약속한 여인입니다
내 몸보다 더 아끼고 사랑해주어야 할 여인이며
나보다 더 나를 사랑하는 여인입니다
내 사랑 하나만 믿고 나를 택한 여인이며
내 아를 낳아주고 키워주겠다고 언약한 여인입니다
나를 위해선 모든 것을 다 주어도 아깝지 않다는 여인이고
한평생을 내게 받치겠다는 여인이며

내가 평생을 돌보아주어야 하고 보호해 주어야 할 여인입니다
내 부모보다 더 나를 사랑하고 아끼는 여인이며
내가 힘들 때 안식처가 되어주고 버팀목이 되어주는 여인입니다
세상에서 가장 아름답고 사랑스러운 여인이며
누가 무어라 해도 이 세상에 단 하나밖에 없는
내 목숨보다 더 소중한 여인입니다

아내의 전생

아내가 괭이 애끓는 소리를 내면서 자고 있다
전생에 아내는 고양이가 아니었을까 하는 생각이 스친다
나는 누가 뭐라 해도 전생에 개였던 것 같다
그것도 신경이 아주 둔한 불독같이 미련한 개가 확실한 것 같다
고양이와 개는 개와 원숭이만큼이나 사이가 좋질 않다
마주치기만 하면 앙알거리고 다투는 걸 보면
아내의 말에 의하면 나는 잠잘 때
끙끙거리며 똥 마려운 강아지 소리를 낸다고 한다
고양이 애끓는 소리를 내며 자는 아내를 물끄러미 바라본다
잠든 모습을 보면 고양이과가 아닌 것 같은데
사냥하는 모습을 보면 영락없는 앙칼진 고양이나 살쾡이 같다
처음 보았을 때 아내는 확실히 복슬강아지였다
아기들 똥 누는 데나 기웃거리는 똥강아지가 분명했다

헌데 털갈이가 끝났을 때 보니
그 모습이 복슬강아지 같지 않고 살쾡이를 닮아있었다
낳아 놓은 새끼를 보니 이건 개과가 아니라
고양이과 짐승이 틀림없는 것 같았다
먹이의 뒤를 쫓는
아내의 눈매가 엄나무가시처럼 날카롭다

그 남자의 여자

머리털 나고 아니 난생처음
아내와 한우 꽃등심을 먹으러 갔다
배가 고파 걸신들린 것처럼 허겁지겁 주워 먹었더니
아내의 눈에 내 모습이 애처로워 보였던가 보다
배불러서 그만 먹어야 할 것 같아 나앉았는데
쌈을 싸 들고
한 쌈 더 먹으라고 권하는 여자
더는 못 먹겠다고 당신이나 먹으라고
짜증을 내는 데도
입에다 쌈 싼 것을 들이대는 정 많은 그녀
배 터진다고 싫다고 하는데도
생글생글 웃으며 이게 비상이라 해도
한 쌈 정도는 더 먹을 수 있겠다며
억지로 먹기를 강요하던 여자
사슴같이 큰 눈망울에
눈물까지 글썽이며 상추쌈을 권하던 그 여자

아내의 걱정거리

천치 같은 저 여자 암 수술을 앞두고서도
걱정도 안 되고 무섭지도 않은지
자기 걱정은 안 하고 못난 남편 걱정만 하고 있다
제 손으로 라면 하나 끓일 줄 모르는 남자를 두고
가려니까
걱정거리가 한두 가지가 아닌가 보다
끼니는 거르지 않고 잘해 먹고 있으려는지
옷은 깨끗하게 입고 다니려는지
남 보기에 마누라 없다고 기죽지는 않으려는지
보호자로 데리고 가려니
온갖 신경을 다 써야 할 것 같고
놔두고 가자니 물가에 내놓은 어린애 같아서
불안하기 그지없는가 보다
결혼한 딸한테 맡기고 가자니
뿔 난 송아지 같아 어디로 어떻게 튈지를 몰라
속 썩히고 구박받을 게 뻔하고
저 여자 이러지도 저러지도 못하고
하늘만 쳐다보고 있다
내 걱정 말고 당신 생각이나 하라는 데도
어떻게 할지를 몰라 한숨만 푹푹 내쉬고 있다

아내의 존재

안 주인 없는 집은 산속 절간처럼 적막강산이다
나는 침실에서 거실로 거실에서 서재로
온 집 안을 들쑤시고 다니며 생기를 불어넣어 보지만
아내가 없는 집은 목로주점 주전자처럼 깨어날 기미가 없다
애시 당초 결혼 않고 혼자 살았더라면
방마다 숨을 불어 넣고 다니는 수고는 하지 않아도 되었을 것을
둘이 살다 혼자가 된다는 것은 처음부터 혼자인 것만도 못한 것을
아버지 돌아가시고 어머니는 그랬다
이 없으면 잇몸으로 살면 된다고 하셨으나
그것은 자식 많은 어머니의 생각일 뿐
내 생각은 달랐다 아무리 인생이 눈 깜짝할 사이라곤 하지만
아내가 없는 삶이란 지겨울 수밖에 없다
일의 생성과 발단은 단연코 원인이 있는 것이다
그걸 누가 대신해줄 수가 있겠는가

이 세상에 필요치 않은 것은 존재할 수가 없다
잡초도 존재의 가치는 인정해야 한다
가치를 인정받지 못하는 것만큼 비참한 것은 없다
존재를 인정받는 것만큼이나
삶에 고통과 눈물이 따른다고는 하더라만

내 아내

　남편보다 네 살이나 더 젊다고
　자기는 늙지 않을 것처럼
　실수를 했다 하면 나이가 많아서 그렇다느니 빈정대기 일쑤고
　부부싸움을 했다 하면
　늙거든 두고 보자고 협박을 가하던 저 여자
　무능한 남편 만나 어려운 살림 사느라고 힘이 들었었는지
　수명 다 된 형광등처럼
　쉰 고개를 넘으면서부터 흐릿해지기 시작하더니
　예순 고개를 넘자마자
　핸드폰 찌개를 끓이질 않나
　가스 불로 119를 출동시키질 않나
　자가용을 버려두고 택시를 타고 들어오지를 않나
　건망증이 여간 심해지질 않았다
　남편 얼굴과 통장 비밀번호 시부모 기일을 기억하는 걸 보면
　치매는 아닌 것도 같고 건망증인 것 같은데
　다른 것은 하나도 잊어버리지 말고

늙거든 두고 보자던
그 말만 까맣게 잊어버렸으면 좋겠다
두고 보자던 놈 무서울 건 없지만 그래도

후회

결혼한 자체를 후회해 본 적은 있었지만
지금까지 아내가 내 곁을 떠날 거라는 생각은
한 번도 해 본 적이 없다
아내는 언제까지 내 곁에 있을 줄 알았고
있어야 하는 사람으로 생각을 했었다
그런 걸 보면 난 인생을 몰라도 너무 모르는 한심한 사내였다
난 나의 행복이 곧 아내의 행복인 줄 알았고
내가 괜찮으면 아내도 괜찮은 것으로 알고 있었다
아내는 감성도 눈물도 없는 여자인 줄 알았다
더구나 아내는 나보다 나이가 어려 먼저 죽는다는 생각은
꿈에도 하지를 못 했다
아내가 무너지면 도미노처럼 나도 무너지고
내 삶이 무너진다는 것도 몰랐다
그 생각을 하면 허투루 흘려보낸 날들이 안타깝기만 하다
아내에게 살갑게 대해주지 못했던 미안한 마음이
동지섣달 새벽 한기처럼 가슴팍을 파고든다

부부가 한 백 년을 사는 것도 아니고 길어야 육십
년인데
나는 왜 그리 아내에게 무심했었는지
여보! 내가 정말 바보였나 보오
거짓말처럼 툭툭 털고 일어났으면 좋겠어요

그런 날이 왔으면 좋겠다

아내와 잠시도 떨어져선 살 수 없을 것 같고
깨 쏟아지던 신혼시절처럼 아름다웠던
그런 날이 다시 오면 좋겠다
생각만 해도 가슴 설레이고 눈에 삼삼한
그런 날이 다시 왔으면 좋겠다

집안일에 신경 쓰지 않고 세상사에 얽매이지 않고
산다는 게 무엇인지도 몰랐었지만
마냥 바라보기만 해도 입가에 웃음이 일고 가슴 뿌듯해
못 보면 안달 나 조부비던
그때 그런 날이 다시 왔으면 좋겠다

그런 날이 다시 왔으면 좋겠다
가진 게 없어도 마냥 즐겁고 행복하기만 했던
신혼시절같이 고소하고 새벽잠처럼 달콤했던 날들이
아내가 없으면 못살 것 같던 아름다웠던 날들이
다시 돌아왔으면 정말 좋겠다
〈

쳐다만 봐도 좋고 생각만 해도 좋기만 했든
내 인생 최고로 행복했었든 그런 날들이
다시 찾아온다면 정말 좋겠다

눈물 밥상

상도 차리지 않고 밥을 먹는다
멀건 된장국 같은 눈물에 덤벙 만 밥을
반찬도 없이 처량하게 혼자서 먹고 있다
혼자서 먹는 밥은 왠지 쓸쓸하고 서글프기만 하다
왜 몰랐던가 늙은 나이에는 혼자 먹는 밥보다
아내의 잔소리라도 들으면서 먹는 밥이
훨씬 맛이 있다는 것을
지금까지 내 삶을 이토록 풍요롭게 영위될 수 있었던 것이
아내의 잔소리 덕분이 아니었던가 싶다
욕 할매의 욕을 들어가면서도 킬킬거리며 사 먹는 밥처럼
아내의 잔소리라도 들으면서 밥을 먹었으면 좋겠다
잔소리와 함께 밥을 먹으면 밥맛이 훨씬 좋을 것 같다
인간의 마음이란 참 알다가도 모르겠다
눈물 어린 밥을 먹어보지 않은 사람은
밥의 소중함을 모르듯
아내가 잔소리하며 차려준 밥을 먹어보지 못한 사람은

아내가 잔소리하며 차려줘서 먹는 밥의 행복감을
알 수가 없다는 것을

내 사랑 그 여자

어두컴컴한 새벽녘
일 나가려는 사람 붙들고 서서
털목도리로 목을 꽁꽁 싸매주던 그 여자
갑갑해서 싫다고 하는데도
출근하는 사람 가로막고 서서
감기 걸리면 안 된다고
목을 꼭꼭 싸매주며
차 조심하고 몸 조심히 잘 다녀오라고
엉덩이를
손바닥으로 툭툭 두드리고
어르던 그 여자
그 여자 지금
암과의 사투를 벌이고 있다

비구니가 된 아내

아내가 갑자기 비구니가 되었다
내 눈이 사천왕상의 불퉁 눈알처럼 휘둥그레졌다
항암치료를 하면 머리털이 우수수 빠져나가
보기 싫다고는 하더라만
그래도 여자에게 있어서는…
목숨보다 더 소중하다는 머리를 어떻게 말 한마디 없이
살기 위해 어쩔 수 없는 선택이었다고는 하나
머리를 밀 때 아내의 심정이 어땠을지
죽음 앞에선 여자의 자존심도 허물어지는가
고깔 쓴 수덕사의 여승처럼
파르라니 질려있는 아내의 머리가
겨울밤 별빛처럼 측은하고 애처로워
마음이 펄럭이는 낡은 깃발처럼
갈가리 찢겨 나가는 것만 같다

자존심

부부가 살아가는 데 있어서 자존심 따위는
전혀 도움이 되질 않는다
세상에 일이 잘못되기를 바라는 사람이 어디 있겠냐마는
이건 자존심을 세우고 웃어넘길 일이 아닌 것 같다
당신은 당신이 잘했다고 할는지 모르겠지만
한평생을 함께 산 당신을
내가 모르겠어 당신이 나를 모르겠어
툭하면 울 넘어 호박 떨어지는 소리라는 것을
사람들이 말하길 여자들은 몰라도 되는 걸 알려고 하는 게 병이고
남자들은 알아야 할 걸 알려 하지 않는 게 병이라는 걸
그러니 더 이상 비참하지 않게만 해줘
당신 이것만은 꼭 알아두길 바래 내가 당신 남편이라는 걸
누구나 다 아킬레스건 같은 약점이 있지만
때로는 굽힐 줄도 알아야 된다는 거
인생은 어떻게 될지 아무도 모른다는 거

아무리 부부 사이라 하더라도 감추고 싶은 게 있겠
지만
　그래도 이건 자존심 세울 일이 아니라는 거
　이렇게 말하는 나도 마음이 편치만은 않다는 거
　살기 위해선 자존심도 버려야 된다는 것

혼자라는 게 무서워졌다

처음엔 뭐가 뭔지 몰라 막막하질 않았습니다
아니 막막한 게 무엇인지도 몰랐습니다
그런데 두 번째는 달라도 너무 달랐습니다
벼락 맞은 것처럼 눈앞이 캄캄해지는 게 앞이 전혀 보이질 않았습니다
실족하여 물에 빠진 심 봉사처럼
당신이 없다는 게 너무도 무섭고 두려웠습니다
어떻게 살아야 할지 아무것도 생각이 나질 않았습니다
살아야 할 의미가 없어진 것 같았습니다
억지로 한 곳에 매달려 보았지만
그럴수록 더 물고 늘어지는 건 야속함뿐이었습니다
처음부터 혼자였었더라면 이렇게 막막하지는 않았을 텐데
도대체 부부란 무엇이고 아내란 무엇인지
인생이란 게 무엇이고 죽음이란 것이 무엇인지
이렇게 사는 게 삶이라고 하는 것인지
난 지금까지 무엇을 위해 살았고
또 무엇을 위해 허덕거리며 살아야 하는지
사랑하는 사람을 잃는다는 게 두렵고 겁이 났습니다

주여 당신의 종이
이렇게 힘들어하고 있습니다 알고 계시는지요

미련 곰퉁이 같은 그 여자

미련 곰퉁이 같은 그녀는 경상도 여자다
고주박처럼 불퉁가지가 세다
사랑표현도 실버들처럼 낭창거리질 않는다
그래도 봄바람엔 매화 꽃망울처럼
붉은 홍조를 띠기도 하고
햇볕 따스한 봄의 길목으로
나물 캐러 가자는 이브의 원초적 순수함도 가지고 있으며
굶주린 하이에나처럼 허겁지겁 밥을 먹는 내게
자기 밥을 절반씩이나 덜어 주기도 하는 정 많은 여자다
가끔 산보를 나가자고 조르기도 하고
보는 눈이 없으면 슬그머니 내 손을 잡아
온정을 나눌 줄도 알고
사랑도 속삭일 줄 아는 은근히 뜨거운 여자이기도 하다
술에 취해 씻지도 않고 이불을 차내고 자는 내게
궁시렁거리면서도 이불을 덮어주기도 하고
미워 죽겠다고 바가지를 긁으면서도

해장국을 끓여 속을 달래줄 줄 아는 속 깊은 여자다
이 세상에 단 하나밖에 없는 나의 줄리엣이다

공염불

그녀의 고집은 황소도 혀를 내 두를 지경이다
손쉽고 편한 방법을 가르쳐 주는데도
자기 고집대로만 하고 있다
웬만해서는 돌아앉지도 않을 것 같다
나 같으면 얼씨구나 하고 콧노래를 부를 터인데
그녀는 내 말에 귀 기울일 생각을 않는다
똥고집인지 자기 자신만의 신념인지는 모르겠으나
남의 말에도 귀를 기울일 줄 알아야
성공할 확률도 높고 실패도 줄일 수 있다는 데도
마이동풍 소귀에 경 읽는 것처럼
너는 떠들어라 나는 내 길을 가겠다는 듯 고집을 피우고 있다
이건 뿔난 황송아지도 울고 갈 것만 같다
또 하루해가 저문다
십년공부 도로아미타불 관세음보살이다
죽어도 제 버릇 못 고치는 그녀
그게 어디 그냥 고쳐지나 죽어야 고쳐지지
나 술 못 끊는 것처럼

아내의 애가타

아내가 성치 않은 몸으로 애간장을 끓이고 있다
바싹 여윈 몸이 애처롭고 안타까워
일하지 말고 편히 쉬라는데도 들은 척도 하질 않는다
자기 몸 하나도 건사하지 못해 헐떡이면서
안 해도 될 일을 맥없이 하고 있다
멀쩡하고 건강한 사람이 어떻게 하면 못 살까 봐
몸 아끼라고 역정을 내는데도 사람 속을 있는 대로 태우고 있다
사지육신 멀쩡한 남편 굶어 죽을까 봐
하지 않아도 될 일을 쉬지도 않고 하고 있다
자기 몸 하나 가눌 힘도 없으면서
아픈 사람이 오히려 건강한 사람을 걱정하고 있다
지 살 궁리나 하든지 지 살 궁리는 하지도 않고 남의 걱정을 하고 있다
그렇게 못 미디우면 이프지니 말든지
마누라 없으면 혼자 어떻게 살 거냐면서
아픈 몸을 이끌고 꾸역꾸역 반찬을 만들고 있다
다시는 돌아오지 못할 사람처럼
둠벙둠벙 닭똥 같은 눈물을 낙숫물처럼 떨구면서
내 가슴에 대못을 치고 있다

2부

사랑이란

사랑이란

사랑이란

숙종의 용안을 할퀴었던 장희빈의
투기심과도 일맥상통하고
다이아몬드에 눈먼 심순애에게 복수를 꿈꾼
이수일의 불타는 증오심 같기도 하며
줄리엣을 향한
로미오의 뜨거운 열정 같으면서도
때로는
백마강을 향하여
천 길 낭떠러지 낙화암에 몸을 던지던
삼천 궁녀의 비장함 같기도 하고
황산벌 싸움에 임하던
계백장군의 결의 같은 마음이
사랑이 아닐는지
누가 사랑을 아름답다고 했는지[*]

[*] 조용필의 창밖의 여자 노래 가사 차용

사랑이 뭘까요

도대체 사랑이 뭘까요
사랑이 뭐 간디 인생을 칠십 년이나 살았는데
아직도 사랑이 무엇인질 모르겠네요
내가 멍청한 건가요 바보인가요
칠십 년씩이나 사랑을 했으면서도 정말 모르겠네요
사랑한다 아니 "당신 사랑해" 다섯 마디만 하면 될 것을
그 말을 하질 못하고 지금까지 바보처럼 살았네요
사랑이 도대체 뭘까요
뭔데 그렇게 말하기가 힘이 든 걸까요
아무리 생각을 해도 모르겠네요
도대체 사랑이란 뭘까요
어떻게 하면 알 수가 있을까요
어떻게 하면 사랑할 수가 있을까요
아내가 사랑을 해달라네요
죽기 전에 당신 사랑 한번 받아보고 죽고 싶다고
난 한 번도 사랑하지 않은 적이 없었는데

필연

내가 걷는 길을
당신이 그림자로 따라오고
당신이 가시는 길에
내가 청사초롱 밝혔다면
이건 인연인가 봅니다
당신이 유숙한 곳에
내가 당신의 꿈으로 유숙하고
당신이 가시는 길을
내가 함께 그 길을 가겠다고 한다면
이건 인연도 보통 인연이 아닌가 합니다
나는 그 인연을
필연이라 부르고 싶습니다

삶의 향기
– 이 세상에 영원한 것은 없다

삶이 꽃처럼 아름답지 않다 할지라도
능멸한다거나 삶을 귀찮게 여기지는 마십시오
어떤 삶이 멋진 삶이고 잘 사는 삶인지는 모르겠으나
자신의 입맛에 맞는 삶이 어디 그리 흔하겠는지요
하루살이처럼 단 하루밖에 못 산다 해도
지렁이처럼 땅바닥을 기고 살아도
마음 편하게 살아야 축복받은 삶이고
손가락질당하지 않는 삶이 행복한 삶이고 잘 사는 삶인 것을
한세상 살아보면 알 수가 있지요
진시황도 칭기즈칸도 영원히 살지는 못했지요
삶이란 미꾸라지처럼 요리조리 빠져나가는 생물 같아서
내 마음대로 살아지는 게 아니지만요
삶이 마음먹은 대로 된다면 아무런 의미가 없는 법
아름답고 예쁘게 삶을 가꾸는 것은
자신의 몫이고 선택이겠지만
살아생전 더 아름답고 예쁜 삶을 가꾸시기를

삶의 향기는 누가 만들어주지도 않고 만들어 줄 수도 없는 것
내 스스로 만들어 가는 것
부디 장미꽃 향기 같은 감미로운 향기를
이 세상에 흩뿌리는 사람이 되시기를

사랑한다는 것은
– 사랑에 속는 어리석은 인간이 되지 않기를 바라며

사람이 사랑을 한다는 것은
꽃이 향기를 내보내는 것과 같은 것이다
이는 내 꿀을 나눠주겠다는 의미고
사랑을 받아들일 준비가 되어있다는 뜻이다
사람이 사랑을 한다는 것은
자신의 색깔을 상대방에게 선명하게 드러내는 것으로
상대방이 내 안으로 들어올 수 있도록
마음의 문을 활짝 열겠다는 것이다
사람이 사랑을 한다는 것은
내 자신을 너에게 맞추어 줄 수 있다는 의미이고
이 세상 끝까지 책임지겠다는 뜻이며 함께하겠다는
약속이다
사람이 사랑을 한다는 것은
사랑하는 사람을 위해서라면 나 자신을 포기하고
너를 위해 나를 희생할 수 있다는 뜻이고
나로 인해 그 사람이 행복해지기를 바라는 것이다
사람이 정말로 사랑한다는 것은
그 사람을 위해 내 목숨을 바쳐도 아깝지 않다는 것
이다

그러나 사랑은 아무나 하는 게 아니다
목숨도 버릴 수 있다는 각오가 섰을 때만이
사랑은 빛을 발할 수 있기 때문이다

빅딜 Big Deal

　신이시여!!
　제 이야기를 들으시고 저와 내기 한번 하시겠는지요 저는 당신이 현존한다는 걸 믿는 유신론자입니다 당연히 당신의 전지전능한 능력을 믿으며 당신의 권능도 믿습니다 다만 당신은 이중인격자라는 것과 자기밖에 모르는 이기적인 신이라는 생각을 가지고 있습니다 그러기에 당신이 창조한 인간들이 당신의 권위에 도전하는 패륜을 당신께서는 못 본 척 방관하고 계신 것이 아니시온지요 용납해서는 안 될 일이라고 믿습니다 제가 당신께 내기를 제의한 것도 잘못된 일인 줄 압니다 그러나 그것이 당신의 방관과 편애가 빚어낸 일이라 생각하기에 감히 당신께 제의를 하는 것입니다 신이시여! 제 말이 틀렸다면 아니라고 말씀을 하시기 바랍니다 왜 당신은 약하고 착한 사람들에게만 벌을 주고 죄를 묻는지 모르겠습니다 전 당신을 그렇게 생각하고 있습니다 강하고 악한 자에게는 아무 말도 못 하고 힘없고 항의 한번 못하는 약자들만 엄벌로 다스리시고 고통을 주는 걸로 믿고 있습니다 신이시여 그게 아니라면 아니라고 말씀을 하시고 제 제의를 받아들이시겠는지요 신께서 힘없고 병들게 한 제 아내를 살려주신다면 저는 당신이 공명정대하고 전지전능하신 신임을 믿겠습니다 그리고 당신을 모욕한 죄로 제 목숨을 기꺼이 내놓겠습니다 제 제안을 받아드릴 용기가 있으신지요

배려

아내가 자다 말고
히죽히죽 웃는다
ㅋ ㅋ ㅋ 웃음소리가 밝다
옛 애인을 만나고 있는가 보다
잠시 자리를 비켜주어야겠다 싶어
살며시 일어났더니
이번엔 운다
징징거리면서 손까지 내저으며
가지 말라고 흐느끼며 눈물까지 흘린다
그 애인이 내가 아닌가 싶어
조용히
아내 옆에 누웠다
이내 조용히 코를 고는 그녀

꽃샘추위

잔혹했던 일제 식민지 시대도 아니고
요즈음 시대에 어느 정도 적응이 된 처지라
꽃샘추위 따위는
이젠 참고 견딜 만도 하건만
아직도 꽃샘추위에 소름이 돋고 더 춥게 느껴지는 것은
무엇 때문일까
봄바람이
가슴속까지 파고들어
시리다 못해 살을 에는 것처럼 아픈 까닭은
왜 그런 걸까
봄바람이라고 너무 얕본 건 아닌지
살아가면서 해이해진 마음을
다잡으라는 뜻인가
매섭다는 겨울바람보다 봄바람이
더 독한 시어미 같다는 생각이 드는 것은
무슨 까닭일까
정이 들지 않는 것은 무슨 이유일까

신혼

참깨를 볶아 빻은 것을 깨소금이라 부른다
향이 너무 고소해
갓 결혼한 신혼부부의
꿀과 젖이 흐르는 신혼생활을
깨소금에 비유하는 이유가 그 고소함에 있다

깨도 불에 지지고 볶고 짓이겨야
고소한 냄새가 나듯
시련 없는 삶은
사는 맛이 나질 않는가 보다
삶도 물에 물 탄 듯 술에 술 탄 듯
밋밋하면 사는 맛이 없다

삶은
지지고 볶아야 제 냄새를 쏟아 내는 법
그래서
젊어 고생은 사서도 한다 안 했더나
감칠맛이 나도록

비 내린 후 더 굳어진 땅처럼

예쁜 사랑

직원 회식이 있던 날
보고 듣고 느낀 바가 있어
나도 젊은 친구들처럼 남은 인생
예쁘게 살아봐야겠다는 생각을 했다

회식을 파하고 집으로 오는 길에
장미꽃 한 다발을 사 들고
안 하던 짓까지 하며
아내에게 꽃다발을 받쳤다

거기까지만 했더라면 좋았을 것을
무슨 구월산 임꺽정이라고
아내를 안고 일어서려다 녹슨 용수철 튕겨지듯
허리가 삐끗거렸다

그 밤 예쁜 사랑은 해보지도 못하고
허리 때문에 끙끙 앓기만 했다
아내는 옹글지다며
사람의 속을 있는 대로 긁어댔다

무척 아쉬웠었나 보다

여자란

사랑을 해 본 사람이라면 다 아시겠지만
여자란 말입니다
자기가 사랑하는 남자에게는
가진 걸 모두 다 주어도 아까워하질 않습니다
자신의 몸까지 몽땅 받치고 나서도
기쁨의 눈물을 흘리는 게 여자라는 족속들입니다
그러나 여자는 유리그릇 같아 조심히 다루지 않으면 안 됩니다
여자는 한번 마음 상해 토라져 버리고 나면
남자가 무슨 말로 회유하고 꼬드겨 붙이려 해도
무슨 짓을 어찌하든 어떻게 하던
원상복구가 불가능하다는 것을 남자라면 알아야 합니다
여자는 약한 것 같아도 정말 독한 구석이 있습니다
오뉴월 삼복더위에도 서리를 내리게 합니다
다만 한 가지 귀띔을 해드린다면
여자는 한 번 마음을 주고 나면 모래성처럼
맥없이 허물어지는 게 여자입니다
그렇게 나약한 것이 여자입니다

당신
– 당신이란? 당연히 자신의 몸처럼 사랑하는 사람을 부르는 호칭

당신은
나의 수호신이십니까
아니면 저의 보호자이십니까
언제나 제 곁을 맴돌면서
나의 행복을 위해 불철주야 애쓰시던 당신
저같이 부족한 사람을 지켜주시는 분이
이 세상에 당신 말고 또 누가 있겠습니까
당신의 사랑을 믿었기에 나는 나를 당신에게 의탁하였습니다
가끔 간섭이 지나쳐 불편을 안겨 줄 때도 있었지만
그것도 희망과 행복을 가져다주기 위한
깊은 뜻이 숨겨져 있다는 걸 알기에
나는 나를 당신께 맡겼습니다
사랑하는 당신 흠모합니다
내 인생의 유일신
사랑합니다
당신을

여인천하
– 남자들 위에 마누라라는 또 하나의 패권자가 있다(칸토)

나폴레옹이 이 세상의 주인은
힘센 남자들이라고 했다[*]
그러나 말만 그랬지 실제적 주인은 나폴레옹이 아니라
조세핀^{**}이었다는 걸 모르는 사람이 없다
나폴레옹은 허울 좋은 빈 껍데기였다
여자들이 세상의 주인이 된 것은
남자들보다 힘이 세어서가 아니다
사내들의 잘난 허영심과 자만심 때문이란 걸 여자들은 다 안다
자만심이 여자들에게 세상을 쥐여 주었고
주인이 되도록 해주었다는 걸 남자들만 모른다
어리석은 남자들은 스스로 굴종을 택했다
그리고 그게 뭣이라고
여자들에게 충성을 맹세하다 못해
무릎을 꿇고 머리를 조아리며 자존심까지 버리고
여자들의 머리꼭대기에 왕관까지 씌워주는
커다란 실수를 범하였는지 모르겠다
간이 커질 대로 커진 여자들

남자를 앵벌이로 내모는 것도 모자라 육아까지 떠맡기고
　레디 포스트란 법을 십계명처럼 받들어 모시게 한다
　여자들의 콧대가 갈수록 높아지고 있다

　* 나폴레옹의 주장
　** 나폴레옹의 배우자

후회의 눈물

울음에는 많은 의미가 담겨져 있습니다
기뻐서 우는 울음에는 환희의 눈물로 빛이 난다고 하고
아파서 흘리는 눈물은 습설처럼 서러움이랍니다
목 놓아 우는 울음은 후회의 눈물입니다
너무나 안타깝습니다
마음이 아파서 우는 울음은 보기에 처절합니다
아내가 너무 애처롭습니다
내 앞에서 언제나 당당했던 아내가 울고 있습니다
아내 앞에서 눈물 한 방울 흘리지 않았던 내가
목석같은 내가 아내와 함께 울고 있습니다
시들어가는 아내를 보면서 후회의 눈물을 흘리고 있습니다
나는 왜 바보같이 살았을까요
그깟 인생 사는 게 무슨 대단한 일이라고
사랑한다는 말도 못 하고 메마르게 살았는지
왜 그리 어리석게 살았는지
얼마나 오래 살려고
후회의 눈물을 흘리며 통한의 울음을 토해냅니다

사랑 한 번 못 해주고 고생만 시켰습니다
못난 남자 만나 활짝 펴보지도 못하고
아내가 떠나려 합니다

첫사랑의 의미

사람들은 삶의 여정에 있어서
첫 번째라는 것에 대해
각별한 의미를 부여하는 것 같다
새해 첫 번째 날의 첫날에
사회에 첫발을 내디뎠을 때의 첫날 첫 발자국에
신혼 첫날밤의 첫날밤이라는 것에
태어나 처음 해보는 첫 키스의 첫 키스에
어떤 일이든 무슨 일을 하든 맨 처음 그 첫 번째에다가
사람들은 많은 의미를 부여하곤 한다
그리하여 똑같은 사랑이지만 사랑도 첫사랑은
무지개처럼 아름답게 느껴지고
별빛처럼 반짝이는 것으로만 각인이 된다
그 첫이라는 말 때문에 첫사랑은
누구에게나
아름답게 기억이 된다

후회하지 않는 삶

누구를 사랑한다는 것은
내가 그 사람의 마음속에 들어가
똬리를 틀고 자리를 잡는다는 것이다
그러나 내가 그 사람의 마음속에 자릴 잡는다는 것은
말처럼 쉬운 일이 아니다
그렇기에
사랑으로 한 몸이 된 부부를
일심동체라고 말하는 것인 줄도 모르겠다
사랑은
나를 희생하지 않고서는 이루어질 수가 없다
사랑은 신의 영역에 속한다
사람이 사랑을 할 수 있다는 것은
사람이 신의 모습으로 빚어졌기에 가능한 것이리라
열정을 다해
아낌없이 사랑해라
후회 없이 사랑하라

그것만이 후회하지 않는 삶을 사는 길이다

3부

상열지사

상열지사

초승달이 농염한 오늘밤엔
질뚝배기에다
아내와 내가 허벌나게 좋아하는 조개와 감자를 넣고
얼큰한 조가비감자탕이라도 끓여야겠다
벌건 고추씨기름이 어우러져
둘이 퍼먹다가
누이가 죽어 나가도 모르고
매부가 죽어 나자빠져도 좋은
소주 한 잔 곁들이면 얼큰해서 더 좋은
장진주* 한 가락 곁들이면 천상에 오를 것 같은
지상최대의 맛깔난
얼큰한 조가비감자탕을 끓여야겠다
초승달이 농염한 오늘밤엔
그런데
아내가 부재중이다

* 가곡의 변주곡

열대야

열대야라고 해야 할까요
찜솥 안처럼 후덥지근한 여름밤이었는데요
어지간해서는 덥단 말을 하지 않는 우리 아버지께서도
오늘은 도저히 못 참으시겠는지
넙데데한 등판에다 찬물을 동이로 퍼부으며
덥다 더위를 망향가처럼 부르며 우리들이 잠들기를 기다리는
무덥디무더운 여름밤이었는데요
언제나 바른 행동만 강요하시는 우리 아버지께서
가랑이 사이로 시커먼 거웃이 삐져나오는 줄도 모르고
자식들 보기 망측스럽게 팬티만 입고 누워
우리들이 잠들기만을 강요하던
짜증도 왕짜증이 나는 그런 밤이었는데요
살 접히는 곳마다 땀띠가 소름처럼 돋고 모기마저 피를 빨아대는
무더운 여름밤이었는데요
땀띠가 나 그런지 모기에 뜯겨 그러는지
두 살배기 막내가 칭얼대며 잠들지 못하는 밤이었는데요

요조숙녀 우리 어머니께서 목간하려고 퍼 놓은 물에
아기별들이 뎁다며 물장구치던 밤이었는데요
어머니 목간하는 모습이 희끄무리 하게 보이는
덥디더운 여름밤이었는데요
우리들 앞에선 언제나 공자님 말씀만 하시던 우리
아버지께서
목간 끝낸 어머니에게 목을 매는 밤이었는데요
사랑을 구걸하는 그런 밤이었는데요

눈물 비

삼백육십오 일이 넘게 눈물을 달고 삽니다
하늘도 울고 땅도 울고
눈물을 달고 살 슬픈 얼굴도 아닌데
눈에서 눈물 마를 날이 없습니다
내 곁에서 아내가 사라진다는 게 이렇게 슬픈 일입니다
비가 내립니다 봄비가 내립니다
뜨거운 눈물비가 내립니다
봄비가 내리면 얼어붙었던 땅도 녹아 새싹이 돋는데
내 가슴속 얼어붙은 대지는 녹지를 않습니다
아내는 내 영혼의 안식처였습니다
그런 아내가 시들고 있습니다
하느님이 아내를 데려가겠다고 합니다
나를 데려가지 않고 아내를 데려가려고 합니다
아내를 사랑할 줄 모르는 못난 인간이라고
내게는 아내가 필요 없을 것 같다고
사랑한다는 말도 할 줄 모르는 목석이라고

환청

아내가 요양병원으로 떠난 날 밤
꿈인지 생신지 아내가 나를 찾는 소리가 들렸다
엉겁결에 대답을 하고 정신을 차려보니
아무도 없었다
꿈이었다
헛소리를 들었는가
분명히 아내가 나를 부르는 소리였다
내게 무슨 할 말이 있었는가 본데
무슨 말을 하려고 그랬을까
가만히 생각을 해본다
아내가 왜 나를 찾았는지를 모르겠다
이렇게 가슴 시린 날들이
언제까지 이어지려는지
눈물이 핑 돈다

홀아비

짝 잃은 늙은 아비가 외롭게 홀로 사는 집
어딘지 모르게 서글퍼 보이는 집
혼자 사는 늙은 아비가 염려되어 먼 길을 달려온 딸이
잔소릴 바가지로 늘어놓습니다
냉동식품은 녹였다가 다시 얼리면 안 된다
설거지는 세제로 깨끗이 하고 행주는 햇볕에 꼭 말려야 된다
끼니는 거르지 말고 삼시세끼를 다 드셔야 한다
술은 해로우니 조금만 드셔야 된다
돈 아끼지 말고 일주일에 한 번은 꼭 단백질을 섭취해야 한다
잔소리에 잔소리를 더해가며 간만에 성찬을 차립니다
늙은 아비는 오늘이 생일날 같습니다
하늘로 날아오를 것만 같습니다
모처럼 쓴 소주도 한 잔 허락이 됩니다
마음이 엿가락처럼 노글노글 흘러내립니다
잔소리도 오늘만은 고까운 마음을 비켜 갑니다
도무지 흐려지질 않습니다
일 년 삼백육십오 일이 오늘만 같으면 좋겠습니다

이 단순한 일상이 뭐라고 이렇게 행복해지는지
참 사람의 마음이란 알다가도 모르겠습니다

사랑의 징표

인연이 다 한 지금
연기처럼 사라진 지난날들의 사랑이
무슨 의미가 있겠냐마는
그래도 한때는
분에 넘치도록 당신의 사랑을 받았던 몸

당신의 가슴속 깊은 곳에 나의 숨결이
화인처럼 각인 되어있는데
어떻게 지난날이 잊히겠습니까.
당신과의 이별을 생각하면
아름다운 추억마저 고삼처럼 쓰기만 할 뿐

실연을 당했던 당신이
설마 그 아픔을 내게 전가한 것은 아니겠지요.
당신을 사랑했던 죄밖에 없는 내가
한 줌 재로 스러지는 순간까지
가슴속 깊이깊이 사랑했던 그대여

나는 만신창이가 돼 거리를 떠돌겠지만

잊지는 마세요
당신 가슴속에 까맣게 새겨진 내 사랑의 징표
선연히 남아있는 그때까지만이라도
아무리 암울했던 사랑일지라도

지금이 중요하다

당신은 바보 멍청이가 아닙니다
어리석지도 않습니다
알고 계시겠지만 우리말엔 내일이란 말이 없다는 것을
그래서 지금 이 순간이 우리에겐 무척 소중합니다
지나간 일일랑은 잊읍시다 지나갔으므로
지금 우리의 삶이 중요합니다
지금 우리가 하는 일이 그 무엇보다 소중합니다
지금 우리의 모습이 아름답습니다
지금 이 순간은 다시 돌아오지 않습니다
어제란 물 위에 흩날리는 눈발과 같습니다
그제는 흘러간 강물과 같습니다
어제와 그제는 과거일 뿐입니다 죽은 날일 뿐입니다
내일이란 영원한 오리무중입니다
내일이란 올지 안 올지도 장담할 수가 없습니다
그러니 지금에 충실하시기 바랍니다
누구에게나 오늘이 소중합니다
당신과 내가 함께 있는 지금 이 순간
바로 지금이 중요합니다

개새끼

지인으로부터
분양받은 개새끼 한 마리
성견으로 다 자란 개를 데리고
지인께 인사차 들린 게 잘못이었다
개는 제 어미도 몰라보고
주인의 말도 안 듣고
쿵쿵거리며
제 어미의 사타구니 냄새를 맡으며
껄떡거렸다
그래서 마누라가 병에 걸려 다 죽게 생겼는데도
껄떡거리는 나 같은 놈을
사람들은 개 같은 놈이라고 하는가 보다
세상에
입마개도 안 씌운 더불어를 앞세우고
인두집을 덮어쓴
개 같은 놈들 참으로 많다

남도 사랑

참으로 징글징글 하요 이
남정네가 쪼잔하고 거시기해설랑
엇따가 쓴다요 쪼깐 있으면
어무이가 찾을 낀데
꼭 내를 가져야 쓰것다면
뜸들이지 말고
싸게 싸게 말을 하시오 잉

보이소
나가 맨날 당신을 생각하는 것 맹키로
당신도 내를 쪼까 생각해주면
겁나게 조아뿔것소
당신이 머시 길래 당신만 보면
나가 요렇코롬 심도* 못쓰고
복날 개 끌리 댕기듯 끌리 댕긴디요-이

사람 맘 참 얄궂데이
허구 헌 날 당신 생각은 머땀시 난다요
내도 내 맴을 참말로 모르것쏘

당신이 알면 좀 갈케 주씨요.

당신 생각흐면 참말로 나 맴이 거시기해뿌요
그러니께 당신 뜻대로
내를 죽일라믄 죽이고 살릴라믄 살리고
임자 뜻대로 하소 이제 나도 당신 없인 못산께

고놈의 사랑이 머시 길래 요로크롬 끊지 못흐고
당신만 보면 사지가 녹아내리드시
기분이 조아 뿐다요
가만히 봉께 당신은 가만히 있는디
나만 요렇게 사죽을 못 쓰고 흐물어진다요
고것이 요상타** 말이시오

보소 당신과 내가 사랑한다는 것은
삼척동자도 알고 기신도 알았뿔고
하늘의 달과 별도 알고
당신과 나가 아는 일인께로
책임지씨오 이제 나는 당신긍께
당신 맴대로 하시오 처분대로 하이소

* 힘도
** 이상하다

울산 할매[*]

- '여보세요 할란교' (한라 아파트지요)
그런디요
- '물이 잘 안 나온다면서요' (수돗물이)
누가 그런 숭 없는 말을 해 쌌트노
잘 알지도 못하면서
- '아- 며느리가 그래 쌌트만 물이 잘 안 나온다고'
얄궂데이
야가! 이젠 별소릴 다 하고 다니는 갑네
- '할매'
- '근데 언제부터 물이 안 나왔능교'
글쎄 영감 죽곤 안 해봐서 잘 모르겠는데
제법 오래된 기라
- '그럼 쫌 있다 갈께요 기다리소'
- '참! 할매 말고 다른 사람은 없능교'
없다 올라면 며늘아이 오기 전에 빨랑 온나
알았제 ㅋㅋㅋ

* 카톡에 돌아다니는 이야기 재구성

고목에 꽃을 피우는 일

고목도 꽃을 피우는 비법이 있는가
노인 복지관 사교댄스 강의실 앞 휴게실
초로를 넘긴 할미 할배들
한바탕 뺑뺑이를 돌고 난 후
마른 가지에 물이 올랐는가 이마에 땀을 닦고 있다
일찌감치 땀을 털어낸 나팔꽃 할배
송글송글 맺힌 땀방울을 닦고 있는 할미꽃들을 향해
짝짜꿍이었던 동강 할미꽃의 소재를 묻는다
꽃샘을 시샘하는 할미꽃들 왈
와 – 고 당시를 못 참고
목하 고목에 꽃을 피우는 중이라 한다
꽃을 피우다니 그게 무슨 소린지
아 – 나비한테 잘 보이려고 꽃을 피우지
뭣 땀시 꽃을 피우겠느냐며
마음은 아식노 십팔 세 연분홍 신날래 꽃이란다
몸은 검버섯이 피고 썩어 문드러져도
마음은 아직도 지나간 봄을 기억하고 있는가보다
향기 없는 헛꽃이라도 피우려고
빈 꽃대나마 세우려고 애쓰는 걸 보면

유혹

그것은 분명한 유혹이었다
의도적으로 내 주위를 배회하면서
나의 이목을 끌기 위한 계산된 몸짓이었다
난 놈의 꿍꿍이속을 알고 있으면서도 모르는 척한다
목마른 놈이 물 킨다는 말을 믿기로 한다

첫 대면은 별이 쏟아지는 한여름 밤이었으면 싶었다
녀석이 별이 쏟아지는 해초 숲으로
운명처럼 다가온다면
나는 우연을 가장하여 받아들이기로 한다
뻘밭을 뒹구는 상상을 예견했었기에

녀석은 내가 상대하기엔 벅찬 대물이었다
성격이 무척 저돌적인지라
난 녀석이 제풀에 지칠 때까지 기다리기로 한다
낚는 일보다 낚은 물고기를 처리하는 일이
퉁가리의 뾰죽한 가시처럼 부담스럽다

회 맛을 알고부턴 생각이 달라졌다

이 바닥에선 잡은 고기는 곧바로 회를 뜨는 게
불문율이라고 한다
시간이 지나면 신선도가 현저히 떨어지므로
소주를 곁들이는 건 꾼들만의 노하우였다

포획 시기가 너무 늦었다 싶다
잠이 깼고 식은땀이 흥건했다 악몽이었다
포획된 건 녀석이 아니라 나였다
녀석은 처음부터 나를 가지고 놀았다
아직도 다른 사람이 낚은 고기가 더 커 보인다

바깥세상 俗世

 난 에덴동산 같은 아내의 품속에서만 42년을 산
정중지와 우물 안 개구리였다
 생각해보면 아내의 품속은 참으로 평온한 곳이었다
 내가 홰를 칠 때만 풍랑이 일었지
 홰를 치지 않으면 아내의 품속은 언제나 고요했다
 날마다 평온한 날이 계속되었기에
 난 바깥세상이 어떤 곳인지를 잘 모른다
 에덴동산 같은 아늑한 곳에서만 살았기에
 바깥세상은 나와는 상관이 없는 세상인 줄 알았다
 한 번도 바깥세상으로 나간다는 생각은 해본 적이
없었다
 그러던 어느 날 갑자기 에덴에서 내쳐졌다
 눈앞이 캄캄하고 당장 어떻게 해야 할지를 몰랐다
 홰를 쳐야 할지 말아야 할지도
 바깥세상은 정말 눈 감으면 코 베어갈 것 같은 살벌
한 곳이었다
 쥐들에 고양이도 있었고 족제비에 살쾡이 여우까지
 눈만 감았다 하면 잡아먹힐 판이었다
 나는 바깥세상이 이렇게 무서운 곳인 줄을 정말 몰

랐다
  바깥세상은 아비규환의 지옥 같은 곳이었다
  아내 없이 혼자서는 도저히 살 수가 없는

입증

새벽에
아랫녘에
꽃불이 켜지고
살랑살랑
훈풍이 분다는 것은
아직까지
죽지 않았다는 걸
보여주는
증좌다

욕정

길 잘 들이면
강력한 힘의 원천
길 잘못 들이면
악귀로 변해
당신을
지옥의 끝으로 몰아넣는
악마의
달콤한
속삭임 같은 것

이쁜 꽃들만 시세 난다

보기 좋은 떡이 먹기에도 좋다고
모든 벌 나비들이 다홍치마를 고르겠다고
더듬이를 풀 가동했다

꽃들도 너도나도 비싼 돈을 들여
다이어트다 성형이다 하면서
여기저기 뜯어고치고
벌 나비 맘에 들기 위해 꿀단지까지 펼쳐놓았다
이쁜* 꽃들은
얼굴값 한다고 하던데
그래도 이쁜 꽃들만 시세가 나니 이게 무슨 조화 속인지

호박꽃이나 부들처럼 피둥피둥하고 못난 꽃들은
무슨 낙으로 살라고
못 난 꽃일수록 꿀이 더 많이 난다는데

살다 보면 화려한 꽃이
좋은 꽃이 아니라는 걸 알 텐데

이걸 어떻게 해야 알려는지
무슨 말로 해야 벌 나비들이 수긍하려는지

평생 간직할 거라고
무리해서라도 이쁜 꽃을 갖겠다는데
못 꺾게 할 수도 없고

* 예쁜의 사투리

4부

미워도 내 사랑

갈매빛 내 사랑

사랑하는 당신, 의지의 화신이여
눈 속에서 꽃을 피우는 청초한 복수초같이
수천수만 킬로미터의 북태평양의 차가운 바다를 돌아
남대천 고향을 찾아온 연어들처럼
우리도 세월강을 거슬러 올라
아름다운 추억이 서려있는 지난 시절로 되돌아갑시다
풍요롭진 않았어도 그곳엔 우리의 사랑과
따뜻한 추억과 낭만이 있으며
찬란한 미래를 꿈꾸든 싱그럽던 젊음이 꿈틀거리던
거기서부터 다시 시작을 해 봅시다
어디서 뭐가 어떻게 잘못되어있는가를
하나하나 체크하면서 새롭게 시작을 합시다
사랑하는 당신, 의지의 그대여, 우리 둘이 낙타를 타고
처음 만났던 그때 그 시절로 되돌아갑시다
사랑하는 당신 아픔을 딛고 오뚝이처럼 일어서십시오
그리고 갈매빛 잎새처럼
우리의 사랑을 다시 한 번 펼칩시다
낙엽으로 지기엔 우리가 너무 아깝지 않나요
무심코 흘려보낸 우리들의 사랑이

시한부 삶
― 인간은 누구나 다 시한부 삶을 살고 있다 그것을 잊고 살 뿐

말기암 환자처럼 만약에 내가
몇 개월의 시한부 삶을 살 수밖에 없다고 한다면
난 먼저 내 몸에 있는 모든 세포의 움직임을 잠재우리
바포매트*처럼 체온을 빙점 이하로 떨어트리고
삶의 여정을 냉철하게 돌아보면서
내 삶을 어떻게 마무리할지를 심사숙고할 것이다
그리하여 모든 상황이 파악되고 나면
난 내 삶의 마지막 꽃을 피우는데 온몸의 세포를 불태울 것이다
먹지도 않고 잠도 자지 않고 오로지
이 목숨 다하는 그 순간까지 꽃피우는 일에 최선을 다하리라
그 일이 아무런 의미가 있고 없고를 따지지 않고
아무리 남 보기에 하찮아 보일지라도
내 삶의 흔적을 남길 수 있고
누군가에게 유용하게 쓰일 수 있으리라는 생각이 들면
나는 나의 모든 능력과 열정을 태워 마지막 꽃을 활짝 피우리라
그리고 기쁘게 죽음을 맞이하리라

결코 아쉬움의 눈물 따위는 흘리지 않으리라
십자가에 못 박힌 그리스도처럼
난 이 한 목숨 하늘을 향해 기껍게 돌려보내리라
그것이 내 사랑을 위한 것이라면 더더욱

* 중세 십자군 템플나이트가 이단죄로 재판받을 때 교회에서 증거로 내세운 악마

번 아웃 증후군

여보 아무리 생각을 해봐도
난 당신 없이 홀로 선다는 것은 불가능합니다
이미 당신에게 길들여질 대로 길들여져
당신 없는 나의 삶은 생각조차 할 수가 없을 것 같습니다
여보 난 절대로 홀로 설 수 없는 사람입니다
이제서야 하는 말이지만
나 혼자서 내 길을 걷는다는 건 아무래도 어려울 것 같습니다
물먹은 솜처럼 난 이미 안일함에 푹 젖어
당신 없이는 아무것도 할 수 없는 반팽이가 되었습니다
당신이 없으면 난 있어도 없는 그림자와 같습니다
당신을 잃는다는 건 내 삶도 사라진다는 것
언젠가는 홀로 설 수밖에 없다는 것을 알고 있지만
내 힘으로는 어쩔 수가 없습니다
눈구덩이에서 잠이 들면 얼어 죽는다는 걸 알면서도
잠의 유혹을 뿌리칠 수 없는 것과 같습니다
내게 홀로서길 바란다는 것은
내가 죽기를 바라는 말과 다를 게 없습니다

하루에도 몇 번씩이나 몹쓸 생각을 하는 나를
내가 생각해도 이해할 수가 없습니다
이런 내가 나도 너무 싫습니다

주여 차라리 저를 벌하소서

주여! 차라리 저를 벌하소서
제게 왜 이러시는지 왜 이런 시련을 주시는지
도대체 제가 무슨 잘못을 하였기에 이렇게 하시는 것인지
못마땅한 게 있으시면 말씀을 해주셔야지
아무 잘못도 없는 제 아내는 왜 못살게 구십니까
주여! 그것을 알고 싶습니다
왜 아무것도 모르는 사람을 괴롭히시는지
말씀을 해주셔야 고치든지 말든지 할 게 아닙니까
제 아내가 무슨 잘못이 있다고
그녀는 남편 하나 잘못 만난 죄 밖에 없다는 걸
나보다 당신께서 더 잘 아시지 않습니까
주여! 그녀를 못살게 굴면 제가 무릎을 꿇을 거라 생각하시는지요
천만의 말씀입니다 저를 잘못 보셨습니다
야곱의 하느님 저의 하느님 제발 그러지 마셔요
못마땅한 게 있으시면 말로 하시고 순리대로 푸셔야지요
도저히 용서가 안 되신다면 저를 벌하세요

제가 그 벌을 달게 받겠습니다
그러니 아무것도 모르는 제 아내는 더 이상 건드리지 마시고
차라리 저를 데려가십시오
제가 이 목숨을 내놓겠습니다

집안일

살림하고 애들 키우는 일은 쉬운 줄 알았다
결혼한 여자라면 당연히 해야 할 일이라고 생각했었기에
생색낼 일이 아니라는 생각을 했다
아내가 살림하는 일이 힘들다고 엄살을 피우면
너무나 포시라워 하는 소린 줄 알았다

아내가 병에 걸려 집안일을 할 수 없게 되자
집안일이 모두 내 앞으로 돌아왔다
그런데 일을 어떻게 해야 하는지 알지를 못했다 할지
여간 골머리가 아픈 게 아니었다
청소에 밥도 해야 하고 빨래까지 해도 해도 끝이 없었다

좁은 틈을 비집고 흘러가야 하는 계곡물소리처럼
청량하질 않고 막막하기만 했다
여자들이 하는 일이라 별개 아니라는 생각을 했었는데
막상 해보니 생각만큼 쉬운 일이 아님을 알았다
나는 말문이 막혀 할 말을 잃었다

〈
　집안일은 죽지 않는 한 계속할 수밖에 없는 일이었고
　해도 해도 끝이 없는 일이었으며
　소소한 일 같아도 가족의 건강이 걸려있는 중차대한 일이었다
　그러니 여자들이 얼마나 부담스러웠을지
　이해가 될 것 같기도 했다

미워도 내 사랑

꼴에 그래도 명색이 남자라고
아내가 집을 비웠을 때 라면이나 삶아 먹었지
누굴 위해 밥을 하고 반찬을 만든 적은 한 번도 없었다
서당개 3년이면 풍월을 읊는다 했던가
결혼 생활 40년을 넘기고 나니 어떻게 밥이 되는 줄은 알았으나
내 손으로 아내에게 밥을 해다 바치게 될 줄은 꿈에도 생각을 못 했다
그것도 이벤트로 한두 끼 해주는 것이 아니라
내가 죽든가 아니면 아내가 죽든가 둘 중에 어느 누가 죽든가
그게 아니라면 좋은 일 하느라고
기적처럼 아내가 건강을 회복하든가 해야만
끝이 날 일이었다
나는 오늘도 밥상을 차려야 한다
암과 사투를 벌이고 있는 아내를 위해
아내의 짜증 섞인 쓴소리를 다 들어가며
빠지는 머리카락처럼 나 죽었네 하고 치솟는 속을 꾹꾹 눌러가며

아픈 사람은 어찌 그리 짜증을 잘 내는지
내가 아프게 한 것도 아닌데 남편이 무슨 죄가 있다고
왜 남편한테다가 화를 내고 그러는지 모르겠다
솔직히 속상할 때는 정말 밥이고 뭐고 다…
그래도 어쩔 수 없이 참아가며
또 밥을 하고 상을 차린다 아내를 위해

아내를 보면 눈물이 난다

우리는 전생에 무슨 죄를 지었을까요
안색이 창백한 당신을 보면 나도 모르게 눈물이 납니다
비구니처럼 파르라니 깎인 머리를 바라보노라면
애달픈 수덕사 일엽스님을 보는 것처럼
왠지 모르게 자꾸만 눈물이 납니다
겨우내 메말랐던 나뭇가지가 따사로운 봄볕에
가냘픈 연초록 싹을 틔워 올리듯
납덩이같이 창백한 얼굴에 삭정이처럼 메말라가면서도
잎새를 피우려고 애태우는 당신을 보노라면
나도 모르게 눈시울이 뜨거워집니다
당신을 위해 해줄 수 있는 게 아무것도 없는 나는
당신의 목숨 하나도 지켜줄 수 없으면서
당신을 사랑한다고 말할 수가 있는 것인지
아무것도 해줄 수 없는 내 자신이
왜 이렇게 초라하고 서글프며 안타깝기만 한지
　당신을 위해 해준다고 해서 별 뾰족한 수가 있는 것도 아니지만
　삶의 끈을 부여잡고 못난 남편에 기대고 있는 당신을 보면

나도 모르게 눈시울이 뜨거워지고
솟구쳐 오르는 샘물처럼 자꾸만 눈물이 납니다

갈등

　아픈 아내의 시중에 지치고 힘이 들 때면
　어떤 때는 아내보다 내가 더 가엾다는 생각이 들 때가 있다
　긴병에 효자 없다는 말들을 하더라만
　내가 왜 마누라의 눈치를 보고 죄인처럼 살아야 하는지
　오히려 미안해야 할 사람은 내가 아니라 아내인데
　내가 무슨 죽을죄를 졌다고
　아내의 짜증을 다 들어가면서 굽실거려야 하는지
　날 보고 어떡하라고 내가 아프게 한 것도 아니고 아프라고 한 것도 아닌데
　남편이 그렇게도 만만한가
　아무리 한 몸 같은 부부지간이라 해도
　간도 쓸개도 다 따로 있고 남자의 자존심도 있는데
　더욱이 서로를 안타까워하고 다독여야 할 사이가 아니든가
　왜 죄 없는 남편을 달달 볶고 짜증을 부리는지
　남편이 무슨 죄가 있다고
　참을성을 시험하는 것도 아니고 내가 성인군자도 아닌데

아무리 남편이라고 해도 참는 게 한계가 있는 법인데
아프다고 해서 그렇게 해선 안 되는 것 아닌가
이럴 때 난 남편이란 자리와 모든 걸 내놓고 싶지만
어쩔 수 없이 또 웃음을 판다
당신 오늘은 기분이 좋아 보이네

아내는 달랐다

　아버지 어머니가 돌아가셨을 때에도
　이렇게까지 막막하지는 않았다
　벼락 맞을 말인 줄 알지만 두 분께서는 여든 해를 넘게 사셨으니
　사실 만큼 사셨기에 억울할 게 없다는 생각을 했었다
　하지만 아내는 달랐다
　이제 막 예순 고개를 넘은 나이에
　무슨 잘못을 얼마나 했다고 저승사자가 기웃거리는지
　한평생 내 머리 위에 군림하여 나를 힘들게 했던 여자이지만
　막상 내 곁을 떠날 수도 있겠다는 생각을 하니
　세상이 폭포수처럼 무너져 내리는 것 같았다
　눈앞이 캄캄한 게 이 세상에 나 홀로 남겨진 것 같았다
　지난날 아내에게 잘못했던 일들이
　물안개처럼 후회가 되어 한꺼번에 밀어닥친다
　무한정 내 곁에 있을 줄만 알았던 여자
　내 인생의 3/2을 책임지고
　〈

끝까지 나를 지켜줄 거라고 믿었던 여자
내가 아니면 큰소리칠 데가 아무 데도 없는 가련한
여자
이우는 순간까지 내가 책임을 져야 할 여자
아내가 내 곁을 떠날 수도 있겠다는 생각을 하니
가슴이 답답하고 막막한 건 나였다

빈 둥지

아내가 떠나버리고 난 빈 둥지는
온기라고는 찾아보려고 해도 찾아볼 수가 없다
죽은 자의 공간 같이 섬칫해 들어가기가 망설여지지만
어쩔 수 없이 또 들어가야만 한다
죽음의 그림자가 어두움처럼 드리워진 그 집으로
무서리가 내린 것 같은 차갑고 쓸쓸한 집으로
적막함이 무섭도록 싫어도 들어가지 않을 수 없는 집
아내의 온기와 추억이 오롯이 남아있어
봄바람처럼 포근하고 무지개처럼 아름다웠던 나의 집
문을 열면 아내가 바람처럼 달려 나와 반갑게 맞아줄 것 같은 집
지난날의 추억이 주마등처럼 스치면
환영의 잔치라도 벌어질 것 같은 따뜻했던 나의 집
내 영혼을 편히 쉬게 해주었던 아내의 손길이 그대로 남아있어
아름다웠던 삶이 고스란히 되살아나는 그리움의 집
그러나 지금은 찬바람만 휑하니 불어오는 집
공동묘지의 묘지석처럼 외롭고 서글픈 집
아내가 기다리지 않는 적막한 집

외롭고 서글퍼 눈물이 날 것 같은 애달픈 나의 집
아직도 파랑새가 돌아오지 않은 고적한 집

못할 짓이었습니다

이건 사람으로서는 못 할 짓이었습니다
한겨울 황룡산* 솔바람 소리가 너무 냉랭합니다
당신이 너무 가엾습니다
살기 위해 발버둥치는 당신이 너무 불쌍해 보였습니다
성한 곳까지 망가트린다는 것을 뻔히 알면서
그렇게라도 하지 않으면 안 되는 당신이 너무 가여웠습니다
못 할 짓이었습니다
무말랭이처럼 바싹 마른 당신을 보면서
주체 못 할 눈물이 흘렀습니다
산다고 해봤자 잘난 사람들처럼 왕후장상의 삶을 사는 것도 아니고
하루하루 근근덕신 살아야 하는 남루한 삶이나마
살아보겠다고 삶의 끈을 놓지 않고 꺼져가는 불꽃을 되살리려는 당신이
처음엔 십자군 같이 용감하다는 생각을 하였습니다
아무것도 해줄 수 없는 남편을 뭐라고 그토록 힘들어하면서도
미소를 잃지 않고 바라보는 당신을 보며

당신은 먹고 싶은 것 하나 마음대로 먹을 수도 없는데
꾸역꾸역 밥을 먹는 내가 정말 미웠습니다
그런 내가 밉지도 않은지 당신 몫의 반찬까지 밀어주던 당신
머리꼭대기에서 발끝까지 힘이라곤 하나도 없이
돌아서서 들어가는 당신의 뒷모습이
도축장으로 들어가는 우공처럼 왜 그리 쓸쓸해 보이든지
주체 못 할 눈물이 눈앞을 가렸습니다
못 할 짓이었습니다
겨울 찬바람이 뼛속 깊은 곳까지 파고듭니다
신은 왜 이토록 잔인할까 하는 생각이 들었습니다
그러나 여보 어찌하겠습니까
이것이 당신과 내가 넘어야 할 산인걸요
목숨이 붙어있는 그 순간까지 혼신을 다 하는 수밖에

* 경기도 고양시 일산동구 성석동에 있는 산

행복이란

하늘에서 넝쿨째 굴러 떨어지는 것이 아닙니다
진정한 행복이란
자기 스스로 찾아내고 가꾸는 것입니다
내가 하고 싶은 일을 하는 것이고 내가 살아있다는 것입니다
지금도 나를 필요로 하는 사람이 있고
내가 일할 수 있다는 것이 행복이고
사람들에게 허튼 욕먹지 않는 것이 행복입니다
배려하고 봉사하며 나누며 살 수 있다는 것이 행복이고
남의 손 빌리지 않고 내 발로 걸을 수 있다는 것과
내 손으로 내가 직접 할 수 있다는 것이 행복입니다
행복이란 잘나지는 못해도 건강하다는 것이고
남이 가진 것을 나도 가지고 있다는 것이며
매사를 아름답고 예쁘고 긍정적으로 생각한다는 것이다
작은 것에 만족하는 자체가 행복이고
욕심 부리지 않고 산다는 것이 행복입니다
사랑하는 사람과 함께할 수 있다는 것이 행복한 거고

나를 생각해 주고 지켜주려는 사람이 곁에 있다는
것과
그 사람들을 위해 내가 일할 수 있다는 것이
정말로 행복한 것이 아닐는지

있는 모습 그대로를 사랑하리라

   손톱 속 반달 크기만큼도 보태지도 않고 빼지도 않은
있는 그대로의 당신 모습을 사랑하겠습니다
   더 이상의 허황된 욕심 따위는 부리지 않겠습니다
   그러니 제발 떠나지만 말고 오래도록 제 곁을 지켜만 주십시오
   바라만 보아도 기분 좋아지는 맑고 깨끗한 얼굴
   때 묻지 않은 원시의 푸르른 숲
   그늘지지 않은 밝은 미소 반짝이는 별빛
   하얗게 부서지며 철썩이는 파도 소리 황홀한 무지개
   금빛으로 빛나는 눈 부신 햇살
   맑고 투명한 아침 이슬 가슴속같이 시원한 솔바람 소리
   새벽안개처럼 상큼하게 아름답진 않더라도
   조물주께서 지으신 당신의 모습
   그 자체를 사랑하겠습니다
   간난 아이의 밝은 웃음 같은 해맑은 영혼
   이슬 머금은 듯한 아름답고 청초한 모습은 아니더라도
   당신만이 가지고 있는 본연의 아름다움
   그 아름다움을 사랑하겠습니다
   더 이상의 바램은 욕심이란 것을 알았습니다

진인사대처명 盡人事待妻命
– 어느 날 친구가 보내온 카톡을 보고

여자는 꿈을 먹고 산다고 한다
늙고 힘없을 때 잘해주는 것은 아무런 소용이 없다
젊었을 때 잘해주면 그 고마움을 오래 간직한다
젊었을 때 잘해주면
늙어서 편안하게 살 수가 있고 바가지도 긁히지 않는다
여자는 꿈을 먹고 살기에
노후가 편하려면 젊었을 때 잘해주어야 한다
늙어서의 삶의 질은 젊어서 아내에게 어떻게 했느냐에 따라
그 질이 달라질 수 있기 때문이다
늙으면 모든 권한은 여자에게로 옮겨간다
그 호랑말코 같은 현실을 결코 잊어서는 아니 된다
잊으면 남자의 삶이 고달파진다
남자들이여 늙어서는 납작 엎드려야 한다
그리고 진인사대처명이라고
아내의 처분만을 기다려야 한다
모든 것은 아내의 손에 달려있다

당신을 잊을 수 없는 까닭

내가 당신을 영원히 잊을 수 없는 것은
예수를 팔아넘긴 가룟유다처럼
내가 당신을 고난의 십자가에 못 박은 당사자이기 때문입니다
난 아무리 생각해도 당신에게 큰 죄를 진 것 같아
날이 갈수록 마음이 무겁습니다
당신, 나를 용서해줄 수가 있겠는지요
십자가의 고통이 갈수록 내 마음을 짓누르고 있습니다
처음 내가 생각한 것은 이런 게 아니었습니다
당신을 행복하게 해주는 것이었습니다
생각해보면 당신이 내 십자가에 못 박혔던 까닭은
진실로 나의 사랑을 믿었음이요
그로 인해 행복해질 수 있음을 확인하였기에
못 박히길 주저하지 않았을 것입니다
내가 예수를 고발한 유다라는 걸 알았더라면 망설였겠지요
그걸 알기까지 참으로 힘겨운 나날이었을 것입니다
당신의 가슴속 깊은 골짜기 골짜기마다 후회가
어두움처럼 내려 쌓였을 것입니다

그 어둠 속에 당신의 꿈도 묻혔겠지만…
여보! 정말 면목이 없습니다
다음 세상에선 나 같은 사람 만나지 않기를

아내의 부재

아내가 아내의 자리를 내놓고 나니
집안 구석구석마다 쓸쓸함이 낙엽처럼 내려 쌓인다
아내가 아내의 자리를 지키고 있을 때에는
쳐다보지도 않았던 일들이 애타게 손을 내밀어도
난 맥을 놓고 하늘만 쳐다보고 있다
아내가 집 비우기만을 학수고대했던 내가 아니었든가
잔소리꾼이 사라지고 나면 깨춤이라도 추고 날아갈 것만 같았었는데
막상 아내가 집을 비우고 나니
불안하기 짝이 없고 잠이 오질 않는다
솔직히 잔소리를 듣더라도 아내가 집을 지켜주었으면 좋겠다
아내가 없으니 숨이 막히고 가슴이 터져나갈 것만 같다
길 드려진 탓일까 외로움 때문일까
아내가 집을 비운다는 게 이렇게 막막하고 암담할 줄이야
아내의 부재가 막막함이란 것도 모르고
아내가 집을 비운다는 것은 서러움이고

삶을 포기하라는 것과 같다는 것을
이제서야 알 것 같습니다
아내는 나에게 듬직한 의지처였다는 것을

당신을 위해서라면

당신! 난 당신을 위해서라면
하나밖에 없는 목숨이라도 내놓으라면 내놓겠습니다
내 말을 믿고 안 믿고는 당신의 마음이겠으나
난 그만큼 당신을 사랑했답니다
그것이 솔직한 내 마음이라는 것을 알아주었으면 좋겠습니다
함께하기로 결심했었던 그날 이후
당신을 위하는 일이 당신만을 위하는 일이 아니라
나를 위하는 일이기도 하다는 것을 알았었기에
당신 없는 세상은 생각조차 할 수 없었습니다
당신이 나의 심장이고 두뇌며 나의 모든 것이었기에
당신 없이는 아무것도 할 수가 없습니다
우리의 이별은 너무 이릅니다
아무리 인명이 재천이라고는 하지만
당신과 내가 함께 할 수만 있다고 한다면
난 절대로 당신 손을 놓지 않을 겁니다
당신을 위해서라면 난 목숨도 아깝지가 않습니다
힘내요 당신
우리가 함께하기로 약속한 이상
당신도 그것만큼은 지켜주었으면 좋겠습니다

■□ 해설

'갈매빛 당신'께 바치는 헌사

김삼환(시인)

원앙새는 늘 한 쌍이 함께 움직인다. 때로는 움직이는 동작이 같을 때도 있다. 한곳을 바라보거나 자맥질을 함께할 때도 호흡과 리듬이 척척 들어맞는다. 부부로 연을 맺어 한 생을 행복하게 보내는 모습을 보면 원앙부부 같다고 말하는 것도 이런 이유에서다. 부부가 함께 덮는 이불과 베개를 원앙금침이라 한다. 금실이 좋은 부부를 비유적으로 이르는 말이다. 베개를 나란히 베고 한 이불을 덮고 자는 사람은 세월의 두께가 켜켜이 쌓여도 한 쌍의 원앙처럼 호흡과 리듬이 잘 맞는 부부이다.

홍문식 시인의 시집 '갈매빛 당신'은 그동안 함께해 온

한 쌍의 원앙 같았던 부부의 시간을 노래하고 있다. 내가 굳이 "한 쌍의 원앙 같았던"이라고 과거형으로 표현하는 것은 앞으로 시인의 그 노래에 목이 메고 처연하고 서럽고 슬프고 절절하고 감내하기 어려운 시간이 스며들어 가리라는 예감을 하고 있기 때문이다. 만약에 지상에 존재하는 그 어떤 기적이라도 있다면 시인이 목 놓아 부르는 이 간절한 염원을 들어줄지도 모르겠다.

이 글은 시인의 시집을 읽고 해설하는 것이 아니라, 시인이 병환 중에 있는 아내를 향해 시간을 거슬러 과거로 가거나 시간을 앞당겨 미래로 가는 길에서 부르는 처연하고 절절한 노래 한 대목을 말없이 들어주는 글이 될 것이다. 시인이 '갈매빛 당신'께 바치는 헌사를 함께 듣다 보면 때로는 목이 메고 때로는 소리가 갈라지기도 할 것이다. 그 목과 그 소리에는 사랑과 비탄과 한숨과 원망과 용서가 서로 뒤섞일 것이다.

이 시집은 4부로 구성되어 있다. 1부 아내 16편, 2부 사랑이란 17편, 3부 상열지사 16편, 4부 미워도 내 사랑 17편으로 총 66편의 시를 배치했다. 이 시집의 특성상 특별한

주제를 따로 뽑거나 은유와 상징을 별도로 읽어내지 않고, 마음이 가는대로 시인이 구성하고 노래한 가사와 함께 진솔한 의식의 흐름을 따라가며 그 길에 동참하려 한다. 다만, 3부 상열지사는 극한의 사랑을 잠깐 우회하여 연장하고 싶은 시인의 역설이므로 건너뛰려 한다. 왜냐하면 이 시집은 지금 암과 사투를 벌이고 있는 시인의 아내에게 바치는 헌사이기 때문이다.

1. 나와 연리목이 된 아내여!

아내는 누구인가? 밤하늘에 촘촘한 별처럼 많은 사람 중에 나와 인연이 되어 내 곁에서 함께 사랑하고 숨 쉬고 등 긁어주며 나의 반려자가 된 사람. 아내는 누구인가? 시인은 '운명의 신이 점지해준 운명의 여인'이라고 정의한다. 아내는 누구인가? '내 몸보다 더 아끼고 사랑해주어야 할 여인'이자 '나보다 더 나를 사랑한 여인'이다. 이 세상에 모든 사랑하는 부부에게 아내는 그런 사람이다.

아내는

나와 몸과 마음이 하나 된 연리목 같은 여인으로

떼어내고 싶어도 떼어낼 수가 없는 나의 여인입니다

나와 한 몸이 되기 위해 친척 친지 친구들이 지켜보는 앞에서

낳아주고 길러준 분들까지 저버리고 내게 온 여인이며

운명의 신이 점지해준 운명의 여인입니다

나만 바라보고 살겠다고 맹세한 해바라기 꽃 같은 여인이며

자기 자신보다 더 나를 사랑하겠다고 약속한 여인입니다

내 몸보다 더 아끼고 사랑해주어야 할 여인이며

나보다 더 나를 사랑하는 여인입니다

- 「아내」 부분

시인이 바라보는 아내의 모습이다. 부부로 연을 맺어 한 생을 함께 하며 가정을 꾸리고 아이를 기르고 서로 사랑을 나누고 살아온 것은 이런 아내의 헌신이 있기에 가능했을 것이다. 시인과 아내의 사랑과 믿음과 각오와 다짐이 이

시 한 편에 다 들어있다. 시인에게 아내는 "이 세상에 단 하나 밖에 없는/내 목숨보다 더 소중한 여인"으로 자리하고 있다. 지금 시인에게 더 이상 무슨 말이 필요할까 싶다. 그동안 살아온 시간의 강물에 흐르는 사랑의 물줄기가 더 마르지 않기를 바라는 시인의 기도가 이 시집 전체에 깔려 있다.

  옷은 깨끗하게 입고 다니려는지

  남 보기에 마누라 없다고 기죽지는 않으려는지

  보호자로 데리고 가려니

  온갖 신경을 다 써야 할 것 같고

  놔두고 가자니 물가에 내놓은 어린애 같아서

  불안하기 그지없는가 보다

  결혼한 딸한테 맡기고 가자니

  뿔 난 송아지 같아 어디로 어떻게 튈지를 몰라

  속 썩히고 구박받을 게 뻔하고

  저 여자 이러지도 저러지도 못하고

  하늘만 쳐다보고 있다

          – 「아내의 걱정거리」 부분

수십 년 부부로 함께 살다보면 서로 성격이나 행동 습관까지 다 알고 몸에 밴다. 아옹다옹 다투는 부부는 서로 안 좋은 것들만 보지만, 서로 사랑으로 감싸 안는 부부는 좋은 점을 먼저 보고 부족한 점은 채워준다. 아내는 입원을 앞두고도 남편이 혼자 있게 될 때 상황이 눈앞에 보이는 듯하다. 그것은 "라면 하나 끓일 줄 모르는 남자"이고, "끼니는 거르지 않을지", "옷을 다려 입을지", "속 썩히고 구박받을" 남편의 모습이 걱정되어 "한숨만 푹푹 내쉬고" 있다. 어찌하여 이 세상의 남편들은 항상 한발 늦게 행동하고 한발 늦게 사랑하고 그리하여 한발 늦게 후회하며 아내의 걱정거리를 쌓이게 하는지 알다가도 모를 일이다. 시인은 아픈 아내를 바라보며 "생각만 해도 가슴 설레고 눈에 삼삼한/ 그런 날이 다시 왔으면 좋겠다."고 절규하고 있다.

2. 사랑이란 내가 가진 것을 모두 주는 것인가?

'누가 사랑을 아름답다 했는가?' 노래는 노래대로 절규이고 현실은 현실대로 안타까운 사랑이다. 시인의 사랑 노래는 절규에 가깝고, 시인과 아내의 현실은 눈물이고 호소이고 기도이다. 사랑이란 내가 가진 것을 모두 주는 것이기에 이제 더 줄 수 없는 현실이 점점 가까이 오고 있다는 자각이 시인의 마음을 찢고 있다. 아픈 아내의 남편으로서 아직 다 하지 못한 사랑을 어떻게 정의하고 마음을 다스릴 것인지 열정과 비장함이 가득하여 읽는 사람도 마음이 아려온다.

    숙종의 용안을 할퀴었던 장희빈의
    투기심과도 일맥상통하고
    다이아몬드에 눈먼 심순애에게 복수를 꿈꾼
    이수일의 불타는 증오심 같기도 하며
    줄리엣을 향한
    로미오의 뜨거운 열정 같으면서도
    때로는
    백마강을 향하여
    천 길 낭떠러지 낙화암에 몸을 던지던
    삼천 궁녀의 비장함 같기도 하고
    황산벌 싸움에 임하던
    계백장군의 결의 같은 마음이

사랑이 아닐는지

누가 사랑을 아름답다고 했는지*

* 조용필의 창밖의 여자 노래 가사 차용

— 「사랑이란」 전문

    시인은 칠십 년을 살았는데 사랑하는 아내 앞에서 아직도 사랑을 모르겠다고 숨을 몰아쉬고 있다. 그것은 다 주지 못한 마음이고 다 하지 못한 아쉬움이고 이제 곧 끝이 나버릴 것 같은 조바심이다. 도대체 '사랑이 뭘까' 하는 비탄은 더 사랑해주지 못한 눈물이다. 시한부 삶을 끌어가고 있는 병상의 아내를 바라보는 시인에게 이제 남은 것은 무엇일까? 조근 조근 말 걸어주고 잠자코 들어주고 슬며시 옆에 누워 함께 호흡을 느껴보는 것 외에 또 무엇이 있을까?

아내가 자다 말고

히죽히죽 웃는다

ㅋㅋㅋ 웃음소리가 밝다

옛 애인을 만나고 있는가 보다

잠시 자리를 비켜주어야겠다 싶어

살며시 일어났더니

이번엔 운다

징징거리면서 손까지 내저으며

가지 말라고 흐느끼며 눈물까지 흘린다

그 애인이 내가 아닌가 싶어

조용히

아내 옆에 누웠다

이내 조용히 코를 고는 그녀

- 「배려」 전문

3. 기적은 간절한 기도 끝에 들리는 소리가 아닐까?

  인간은 누구나 시련이 앞에 있을 때 기도를 한다. 그 기도가 하늘에 가 닿으리라 믿기에 기도를 하는 것이다. 나약한 인간의 기도 속에는 원망과 애환과 믿음과 탄원이 섞여있다. 하늘은 인간이 올리는 그 기도에 대해 뭐라 말을 하지 않지만 다 듣고 있을 것이다. 인간은 다만 기도를 하는 것일 뿐이다. 시인의 기도가 하늘에 가 닿을 때 기적이 일어날지도 모를 일이다. 시인은 이미 몸과 마음을 다 내놓겠다고 선언했으니 이제 남은 것은 하늘에 달려있기 때문이다.

> 도대체 제가 무슨 잘못을 하였기에 이렇게 하시는 것인지
> 못마땅한 게 있으시면 말씀을 해주셔야지
> 아무 잘못도 없는 제 아내는 왜 못살게 구십니까
> 주여! 그것을 알고 싶습니다
> 왜 아무것도 모르는 사람을 괴롭히시는지
> 말씀을 해주셔야 고치든지 말든지 할 게 아닙니까
> 제 아내가 무슨 잘못이 있다고
> 그녀는 남편 하나 잘못 만난 죄 밖에 없다는 걸
> 나보다 당신께서 더 잘 아시지 않습니까
>
> ―「주여 차라리 저를 벌하소서」부분

시인의 기도를 따라가다 보면 아름다운 갈매빛 사랑을

만난다. 처음의 그 시절로 돌아가는 꿈을 꾼다. 무엇이든 싱그럽고 청초하던 그때로 돌아가서 다시 시작해 보는 것이다. 꿈은 현실을 치유하는 마음의 창고이다. 창고에는 사랑과 추억과 낭만이 가득 쌓여있다. 무엇을 먼저 꺼내고 무엇을 나중에 꺼낼지는 지금 아내를 바라보는 시인의 눈길에 달려있다. 아픈 아내여! 지금 곁에 있는 시인과 다시 여행을 떠나는 꿈을 꾸시라! 그리하여 훌훌 털고 일어나 "눈 속에서 꽃을 피우는 청초한 복수초같이" 세월의 강을 거슬러 오르시라! 그리하여 '갈매빛 당신'께 바치는 시인의 헌사를 한 번이라도 찬찬히 들어주시라!

    사랑하는 당신, 의지의 화신이여
    눈 속에서 꽃을 피우는 청초한 복수초같이
    수천수만 킬로미터의 북태평양의 차가운 바다를 돌아
    남대천 고향을 찾아온 연어들처럼
    우리도 세월강을 거슬러 올라
    아름다운 추억이 서려있는 지난 시절로 되돌아 갑시다
    풍요롭진 않았어도 그곳엔 우리의 사랑과
    따뜻한 추억과 낭만이 있으며

찬란한 미래를 꿈꾸든 싱그럽던 젊음이 꿈틀거리던

거기서부터 다시 시작을 해 봅시다

어디서 뭐가 어떻게 잘못되었었는가를

하나하나 체크하면서 새롭게 시작을 합시다

사랑하는 당신, 의지의 그대여, 우리 둘이 낙타를 타고

처음 만났던 그때 그 시절로 되돌아 갑시다

사랑하는 당신 아픔을 딛고 오또기처럼 일어서십시오

그리고 갈매빛 잎새처럼

우리의 사랑을 다시 한 번 펼칩시다

낙엽으로 지기엔 우리가 너무 아깝지 않나요

무심코 흘려보낸 우리들의 사랑이

-「갈매빛 사랑」 전문